ARRÊTÉS ET DÉCISIONS

CONCERNANT

LE PERSONNEL INDIGÈNE DES DIVERS SERVICES

DE L'INDOCHINE

RÉGIME

DES

PENSIONS CIVILES INDIGÈNES

Prix du fascicule : 0 $ 20

— HANOI —

Imp. MAC-DINH-TU, Éditeur

136, Rue du Coton, 136

1914

ARRÊTÉS ET DÉCISIONS

CONCERNANT

LE PERSONNEL INDIGÈNE DES DIVERS SERVICES

DE L'INDOCHINE

RÉGIME

DES

PENSIONS CIVILES INDIGÈNES

Prix du fascicule : **0 $ 20**

— HANOÏ —

Imp. MAC-DINH-TU, Éditeur

136, Rue du Coton, 136

1914

RÉGIME

DES

PENSIONS CIVILES INDIGÈNES

**CIRCULAIRE relative à l'organisation
de la Caisse des pensions civiles indigènes**

Hanoi, le 18 février 1914.

*Le Gouverneur Général de l'Indochine à Messieurs les Chefs
des Administrations locales et des Services relevant du
Gouvernement général,*

J'ai l'honneur de vous notifier :

1º L'arrêté du 29 décembre 1913, réorganisant la Caisse des
pensions civiles indigènes ;

2º Le règlement du 18 février 1914 pour l'établissement du
contrôle du personnel tributaire de la dîte Caisse et l'immatriculation de ce personnel ;

3º L'arrêté du 18 février 1914, astreignant tout nouveau tributaire à fournir son acte de naissance et un certificat médical,
et fixant le mode d'identification des femmes et des enfants des
tributaires.

L'arrêté du 29 décembre 1913 réorganise sur de nouvelles
bases la Caisse des pensions civiles indigènes. Il constitue une
refonte des arrêtés organiques des 15 septembre 1898, 11 août
1910 et 15 novembre 1911, en même temps qu'il apporte au
régime de la caisse les modifications et les améliorations suivantes:

Le nouveau texte stipule que dorénavant aura seul droit à
pension le personnel des cadres réguliers et permanents (articles
1er et 30).

Il permet de faire compter pour la retraite, outre les services
admis suivant la réglementation antérieure, le temps passé
dans des emplois rétribués sur les fonds des budgets municipaux et provinciaux ou du budget colonial (article 4, paragraphe 11, 5º).

Des conditions équitables sont prévues pour l'admission à la
retraite proportionnelle (article 6) ainsi que pour l'octroi de la
pension pour infirmités (article 8).

Le minimum de la pension d'ancienneté est porté de 36 $ à
60 $, celui de la pension proportionnelle de 36 $ à 48 $ et
celui de la pension pour infirmités de 24 $ à 48 $.

L'obtention ou la jouissance de la pension est suspendue par les circonstances qui font perdre la qualité de français, de sujet français ou de protégé français, (article 23).

L'arrêté du 29 décembre 1913 innove en ce qui concerne les veuves et les orphelins, dont les droits à pension sont reconnus et fixés suivant les articles 10, 11, 12 et 13.

Les veuves des fonctionnaires et employés indigènes ont droit à pension si le mari meurt soit titulaire d'une pension, soit en possession de droits à pension, soit après avoir accompli plus de 20 ans de services admissibles pour la retraite.

La femme du premier rang a seul droit à pension conformément, d'ailleurs, à la législation indigène. Cette épouse est, en effet, seule usufruitière des biens du défunt mari, la concubine n'ayant aucun droit à la succession.

Le droit à pension est subordonné à l'une ou à l'autre des deux conditions suivantes :

1° que le mariage ait été contracté quatre ans au moins avant l'époque de la mise à la retraite du mari, ou de son décès s'il est mort en activité ;

2° qu'il existe un ou plusieurs enfants issus du mariage antérieur à la cessation de l'activité.

Toutefois, à défaut de l'une et de l'autre des deux conditions précitées, si le mari meurt soit titulaire d'une pension pour infirmités soit en activité, à la suite de blessures ou infirmités reçues ou contractées dans le service, ou à la suite d'un acte de dévouement accompli dans un intérêt public, il suffit que le mariage ait été contracté antérieurement à l'évènement ouvrant le droit à pension.

Le droit à pension n'existe pas pour la veuve dans le cas de séparation de corps prononcée contre elle sur la demande du mari. La veuve remariée perd définitivement tout droit à pension.

La pension de la veuve est fixée uniformément au tiers de la pension que le mari avait obtenue ou aurait pu obtenir.

Pour les orphelins, l'arrêté tient compte de ce que la législation indigène considère comme légitimes les enfants issus de l'union du père soit avec la femme du premier rang soit avec une concubine. Aux yeux de la loi indigène, ils sont tous issus du mariage contracté avec la femme de premier rang, et celle-ci est également de leur mère.

Les orphelins légitimes des fonctionnaires et employés indigènes décédés soit titulaires d'une pension, soit en possession de droits à pension, soit après avoir accompli plus de 20 ans de service, ont donc droit au secours annuel si l'union légitime du fonctionnaire ou employé avec la femme de premier rang a précédé la cessation de ses services, lorsque la femme de premier rang est remariée, décédée, divorcée ou inhabile à recueillir la pension ou déchue de ses droits.

Ce secours est, quel que soit le nombre des enfants légitimes, égal à la pension que la femme de premier rang avait obtenue ou aurait pu obtenir. Il leur est payé jusqu'à l'âge de 18 ans (âge français), la part de ceux qui atteignent cet âge ou celle de ceux qui décéderaient faisant retour aux orphelins âgés de moins de 18 ans (âge français).

Le nouveau texte assure l'autonomie de la Caisse. Il garantit d'une façon absolue son équilibre financier (article 2, paragraphe II) par des contributions obligatoires des budgets, dans le cas où les dépenses viendraient à excéder les recettes, de manière à sauvegarder l'intégrité du capital accumulé aussi longtemps que ne seront pas mathématiquement déterminées les conditions d'équilibre de la caisse.

Enfin, outre les fonds garantis par l'État ou émis en Indochine avec l'autorisation du Gouvernement, il sera possible d'acheter d'autres valeurs, telles que emprunts des Chambres de Commerce ou des Municipalités (article 29), en vertu d'une autorisation spéciale du Gouverneur général.

Le nouveau régime est applicable à tout fonctionnaire, employé ou agent dont les droits à pension seront ouverts postérieurement au 31 décembre 1913. Il sera appliqué aux veuves et aux orphelins dont les droits prendront naissance à compter du 1er juillet 1914, c'est-à-dire aux veuves et aux orphelins des fonctionnaires soit en activité, soit pensionnés, qui décèderont postérieurement au 1er juillet 1914; et par fonctionnaires pensionnés il faut entendre non seulement ceux dont la pension aura été liquidée sur les nouvelles bases, mais aussi les titulaires de pensions concédées antérieurement au 1er janvier 1914.

Le règlement, approuvé à la date du 18 février courant, fixe le mode d'organisation et de tenue à jour du contrôle du personnel tributaire de la Caisse.

J'attire particulièrement votre attention sur l'importance capitale du rôle que ce contrôle est appelé à jouer. Comme vous vous en rendrez facilement compte, cet organe, qui fournira dans quelques années les renseignements statistiques indispensables pour déterminer la situation financière de la Caisse, va, dès à présent, permettre de concéder, dans des conditions pratiques, des pensions aux veuves et aux orphelins des tributaires, grâce à la connaissance que l'Administration et la Caisse auront de la situation de famille de chaque fonctionnaire, employé ou agent. A cet égard, j'appelle également toute votre attention sur l'arrêté en date du 18 février courant : Ce texte astreint tout fonctionnaire ou employé à fournir son acte de naissance et un certificat médical constatant son aptitude physique au service, et il donne à l'Administration et à la Caisse les moyens de contrôler rapidement l'identité des veuves et des orphelins.

Je vous prie de porter ces dispositions à la connaissance de chacun des fonctionnaires, employés ou agents tributaires de la Caisse et à chacun des pensionnaires de cette institution. Le Conseil d'administration aura soin de vous adresser la liste de ces derniers avec l'indication de la résidence de chacun d'eux. Il importe que tout chef de famille soit prévenu et vous donne acte de la communication que vous lui ferez de l'arrêté du 18 février 1914, car aux termes de l'article 33 du texte organique de l'arrêté du 29 décembre 1913, *ne bénéficieront de pensions et de secours que les veuves et les orphelins qui auront satisfait aux prescriptions imposées pour la justification de leur état civil et de leur capacité.*

Dorénavant, tout tributaire de la Caisse qui contractera mariage devra en aviser *immédiatement* l'Administration.

Les tributaires actuellement mariés, ainsi que les fonctionnaires déjà pensionnés et mariés avant l'époque de leur admission à la retraite, ont également à produire leur acte de mariage ou tout document en tenant lieu.

D'autre part, les tributaires devront, à l'avenir, aviser *immédiatement* l'Administration de la naissance de leurs enfants. Les pensionnaires mariés avant l'époque de leur admission à la retraite rempliront la même formalité pour ceux de leurs enfants qui naîtront après cette admission.

Enfin, les tributaires actuels, ainsi que les fonctionnaires déjà pensionnés et mariés avant l'époque de leur admission à la retraite, sont tenus d'aviser l'Administration de l'existence de ceux de leurs enfants qui seront âgés de moins de 18 ans (âge français) au 1er juillet 1914.

Il va sans dire que si des déclarations frauduleuses étaient faites, leurs auteurs seraient traduits devant les tribunaux de droit commun.

Les actes de mariage et de naissance seront délivrés sans frais sur papier libre, conformément aux règles déjà en vigueur pour la constatation de l'état civil, ou bien, à défaut de règlementation de cette nature, dans des conditions analogues à celles qui ont déjà été prescrites pour l'établissement des actes de naissance nécessaires à la constitution des dossiers de pensions du personnel indigène (circulaire du Gouverneur général du 21 novembre 1903, n° 433 — P).

L'acte de mariage, ou tout document en tenant lieu, sera accompagné des impressions digitales de la femme ; tout acte de naissance d'un enfant sera également accompagné des impressions digitales de cet enfant. Ces empreintes devront être prises, sous le contrôle du Chef de la province ou du Maire de la ville où résideront les intéressés, suivant la méthode adoptée par les services d'identification anthropométrique de l'Indochine.

Les actes de mariage et de naissance ainsi que les empreintes digitales seront conservés par l'Administration, les chefs de famille et la Caisse de retraite.

Les demandes de pensions formulées par des veuves et les demandes de secours d'orphelins devront être accompagnées de certificats de vie délivrés par l'autorité compétente de la province où les ayants-droit auront leur domicile effectif, de nouvelles impressions digitales prises sous le contrôle du chef de la province ou du Maire de la ville où résideront les intéressés, et de photographies.

Enfin, selon les dispositions de l'article 6 du même arrêté, vous voudrez bien prendre les mesures nécessaires en vue de faire établir des livrets de famille qui seront confiés à la garde des intéressés, afin de faciliter, le cas échéant, la justification de leurs droits.

En terminant, je ne saurais trop vous prier d'user de toute votre autorité en vue d'assurer l'application intégrale et le bon fonctionnement de la réglementation dont je viens de résumer les grandes lignes. Je ne me dissimule point que quelques difficultés pourront être rencontrées au début. Elles seront aisément aplanies si l'Administration fait le nécessaire pour convaincre le personnel indigène que toute la portée des mesures prises dans le but d'améliorer son statut antérieur, dépend de la conscience qu'il mettra à remplir avec exactitude les quelques formalités très simples mais indispensables décrites ci-dessus.

Ces difficultés disparaîtront du reste tout naturellement, dès que la pratique aura permis de mettre parfaitement au point ce régime nouveau qui, spécial à l'Indochine, n'a pu, par cela même, être basé sur aucune expérience acquise.

Pour le Gouverneur général en mission, absent
et par délégation :

Le Secrétaire général
du Gouvernement général de l'Indochine,
VAN VOLLENHOVEN

ARRÊTÉ portant réglementation
du régime des pensions civiles indigènes
(Du 29 Décembre 1913)

Le Gouverneur Général de l'Indochine,

Vu les décrets du 20 octobre 1911, portant fixation des pouvoirs du Gouverneur général et organisation financière et administrative de l'Indochine ;

Vu l'arrêté du 15 septembre 1898, créant une caisse des pensions civiles indigènes de l'Indochine, modifié par les arrêtés des 11 août 1910 et 15 novembre 1911 ;

Sur la proposition concertée de la commission instituée par arrêté du 18 septembre 1913, en vue de reviser le régime de la caisse des pensions civiles indigènes et du Conseil d'Administration de cette caisse ;

La Commission permanente du Conseil de Gouvernement de l'Indochine entendue.

ARRÊTE :

TITRE PREMIER
Dispositions générales

ARTICLE PREMIER. — La caisse des pensions civiles indigènes de l'Indochine, créée par l'arrêté du 15 septembre 1898, sert des pensions aux fonctionnaires, employés et agents indigènes et asiatiques étrangers des divers services locaux de l'Indochine (services communs à l'Indochine et services locaux de la Cochinchine, de l'Annam, du Tonkin, du Cambodge, du Laos et du Territoire de Kouang-tchéou-wan), qui font partie des cadres réguliers et permanents de l'administration de ce pays.

La caisse sert également des pensions aux indigènes et aux asiatiques étrangers naturalisés français mais employés au titre indigène.

ART. 2. — § I — La caisse est alimentée :

1º) Par une retenue de 5 % opérée sur le traitement (dégagé de tous accessoires) des fonctionnaires, employés et agents désignés à l'article 1er du présent arrêté ;

2º) Par un versement de 4 % sur le même traitement effectué par le budget qui supporte ce traitement ;

3º) Par l'intérêt des fonds placés de la caisse ;

4º) Par les dons et legs qui peuvent lui être faits.

§ II — Lorsque les dépenses annuelles de la caisse excéderont le montant des recettes annuelles, le budget général de l'Indochine versera obligatoirement, à cette caisse un contingent supplémentaire.

Ce contingent, égal à l'excédent des dépenses sur les recettes sera versé à la caisse annuellement et dans le courant du mois de janvier qui suivra l'année où sera constaté cet excédent,

Les divers budgets de l'Indochine rembourseront, chaque année, au budget général, proportionnellement au nombre des participants entretenus par eux, la part qui leur incombera dans le versement du contingent prévu au présent paragraphe.

TITRE II

Art. 3. — Les pensions à la charge de la caisse comprennent:
1°) Les pensions pour ancienneté de services ;
2°) Les pensions proportionnelles ;
3°) Les pensions pour invalidité ;
4°) Les pensions de veuves ;
5°) Les secours annuels aux orphelins.

Pension pour ancienneté

Art. 4. — § I — Le droit à la pension pour ancienneté de services est acquis par les fonctionnaires, employés et agents des services sédentaires, à 55 ans d'âge et après 30 ans de services effectifs.

Le même droit est acquis par les employés et agents des services actifs après 30 ans de services effectifs sans condition d'âge.

Est dispensé de la condition d'âge le fonctionnaire, employé ou agent d'un service sédentaire, qui est reconnu par le Chef du service hors d'état de continuer ses fonctions.

§ II — Sont considérés comme services effectifs :
1°) Les services dans les armées de terre et de mer, à la condition que ces services n'aient déjà été rémunérés par une pension;
2°) Les services accomplis sous le régime de la Caisse des pensions civiles indigènes ainsi que les services rendus dans l'Administration locale avant la création de cette caisse;
3°) Les services accomplis dans la Garde indigène de l'Indochine à la condition que ces services n'aient déjà été rémunérés par une pension;
4°) Les services effectués dans l'Administration indigène de l'Indochine avant l'occupation française;
5°) Les services temporaires rétribués sur les fonds du budget général ou des budgets locaux de l'Indochine ainsi que les services accomplis en Indochine et rétribués sur les fonds des budgets municipaux ou provinciaux ou du budget colonial, à la condition que les dits services soient dûment validés pour la retraite;
6°) Les périodes passées en congé sans solde, à la condition que ces périodes soient dûment validées pour la retraite.

Art. 5. — La pension pour ancienneté est réglée à raison de un centième, pour chaque année de service, du traitement moyen (dégagé de tous accessoires) des quatre dernières années d'activité du fonctionnaire, employé ou agent.

Elle ne peut, en aucun cas, excéder les 45 centièmes

traitement, être supérieure à 2. 400 $ (ou 6.000 fr.) ni être inférieure à 60 $ par an (ou 150 francs).

Pension proportionnelle

Art. 6. — Tout fonctionnaire, employé ou agent réunissant 20 années de services effectifs (services visés au paragraphe II de l'article 4 du présent arrêté) a droit à une pension proportionnelle, s'il est dûment constaté qu'il n'est plus apte à remplir ses fonctions.

L'inaptitude au service est prononcée, pour le personnel des Administrations locales, sur le rapport du Chef de l'Administration locale, et pour le personnel des services relevant du Gouvernement général sur le rapport du Chef du service, après avis d'une commission nommée par le Gouverneur général. Cette commission est composée d'un fonctionnaire européen qui la préside et de deux fonctionnaires indigènes d'un grade élevé.

Le fonctionnaire, employé ou agent proposé pour la retraite reçoit, s'il le demande, communication de ses notes ; il est admis à présenter ses observations soit verbalement, soit par écrit, soit par l'intermédiaire d'un mandataire muni de pouvoirs réguliers.

Le rapport motivé du Chef d'Administration ou de service, les procès-verbaux de la commission et les observations de l'intéressé sont produits à l'appui de la liquidation de la pension proportionnelle.

Art. 7. — La pension proportionnelle est réglée à raison de un centième, pour chaque année de service, du traitement moyen (dégagé de tous accessoires) des quatre dernières années d'activité du fonctionnaire, employé ou agent.

Elle ne peut être inférieure à 48 $ (ou 120 francs) ni dépasser 2.000 $ par an (ou 5.000 francs).

Pension pour invalidité

Art. 8. — § I — Ont droit à pension, quels que soit leur âge et la durée de leurs services, les fonctionnaires, employés ou agents qui ont été mis hors d'état de les continuer soit par suite d'infirmités ou d'affections provenant uniquement des fatigues ou dangers du service, soit par suite d'un acte de dévouement accompli dans un intérêt public.

§ II — Les infirmités et les affections sont justifiées par tous documents susceptibles de déterminer leurs causes, leur origine, leur évolution et leurs suites. Les circonstances susceptibles de donner ouverture au droit à pension sont constatées par des procès-verbaux administratifs accompagnés des pièces justificatives qu'il appartiendra.

Les documents, les procès-verbaux et les pièces justificatives susvisés doivent être contemporains des faits qu'ils constatent. S'ils ont été dressés après coup, ils doivent être accompagnés de rapports complémentaires de nature à leur donner un caractère d'authenticité indiscutable. Le Conseil d'administration de la Caisse pourra toujours faire procéder à telles enquêtes qu'il jugera utiles.

§ III. — Le droit à pension n'existe pas quand l'Administration prouve soit que les infirmités ou les affections sont dues au fait de l'intéressé, soit qu'elles n'ont pas leur source dans les dangers ou fatigues du service ou dans un acte de dévouement accompli dans un intérêt public, soit qu'elles sont dues à une prédisposition dûment constatée au moment de l'admission dans les cadres.

La pension est obligatoirement concédée dans tous les cas où cette preuve n'est pas rapportée.

§ IV. — Le dossier de l'intéressé une fois complété est transmis au Conseil d'administration de la Caisse. Celui-ci, assisté d'un médecin désigné par le Gouverneur général, formule son appréciation motivée.

ART. 9. — La pension pour invalidité est calculée à raison de un centième, pour chaque année de service, du dernier traitement dégagé de tous accessoires du fonctionnaire, employé ou agent. Elle ne peut descendre au-dessous du cinquième de ce traitement ou de 48 piastres (ou 120 francs) si le cinquième est inférieur à ce chiffre, ni s'élever au-dessus de 2.400 $ (ou 6.000 fr.).

Pensions de veuves

ART. 10. — § I. — Les veuves des fonctionnaires, employés ou agents désignés à l'article 1er du présent arrêté ont droit à pension :

1°) Quand le mari est mort titulaire d'une pension ;

2°) Quand le mari est mort en activité réunissant les conditions pour prétendre à pension ;

3°) Quand le mari est mort en activité après avoir accompli plus de 20 ans de services effectifs admissibles pour la retraite.

§ II. — Si la mort du mari a été causée par l'une des infirmités ou des affections ou un événement prévus au paragraphe I de l'article 8 du présent arrêté, les droits de la veuve sont justifiés selon les dispositions des paragraphes II et III du même article.

Le dossier est transmis au Conseil d'administration de la Caisse. Ce conseil, composé comme le prévoit le paragraphe IV de l'article 8, formule son appréciation motivée.

ART. 11. § I. — Le droit à pension pour la veuve est subordonné à l'une ou à l'autre des deux conditions suivantes :

1°) Que le mariage ait été contracté quatre ans au moins avant l'époque de la mise à la retraite du mari ou de son décès s'il est mort en activité;

2° Qu'il existe un ou plusieurs enfants issus du mariage contracté avec le fonctionnaire, employé ou agent, antérieurement à la cessation de l'activité.

Toutefois, si le mari meurt titulaire d'une pension pour invalidité, ou bien qu'il meurt en activité dans les cas prévus au paragraphe II de l'article 10 du présent arrêté, il suffit, à défaut de l'une et de l'autre des deux conditions précitées, que le mariage soit antérieur à l'évènement ou à l'infirmité ou à la maladie qui a amené la mise à la retraite du mari ou son décès.

§ II. — Le droit à pension n'existe que pour l'épouse dite femme du premier rang, considérée comme légitime par les lois indigènes de l'Indochine.

Le droit à pension n'existe pas dans le cas de séparation de corps prononcée contre elle.

La veuve, lorsqu'elle contracte un nouveau mariage, perd tout droit à pension.

Art. 12. — La pension de la veuve est égale au tiers de celle que le mari avait obtenue ou aurait pu obtenir, sans pouvoir être inférieure à 24 $ par an (ou 60 francs).

Secours aux orphelins

Art. 13. — Les orphelins légitimes des fonctionnaires, employés ou agents décédés dans les conditions prévues à l'article 10 du présent arrêté, ont droit, sous la réserve que le mariage du père ait précédé la cessation de ses services, à un secours annuel, lorsque la femme légitime est remariée, décédée, divorcée ou inhabile à recueillir la pension ou déchue de ses droits.

Conformément aux lois indigènes de l'Indochine, tout orphelin est considéré comme légitime quel que soit le degré de l'union dont il est issu.

Art. 14. — Le secours annuel est, quel que soit le nombre des enfants, égal à la pension que la veuve avait obtenue ou aurait pu obtenir. Il leur est payé jusqu'à l'âge de dix-huit ans accomplis, la part de ceux qui atteignent cet âge ou celle de ceux qui décéderaient faisant retour aux enfants âgés de moins de dix-huit ans.

TITRE III

Dispositions d'ordre et de comptabilité

Art. 15. — Tout fonctionnaire, employé ou agent démissionnaire, licencié, destitué ou révoqué de son emploi, perd ses droits à pension. En cas de réintégration, ses premiers services lui sont comptés.

ART. 16. — Les retenues régulièrement perçues par la caisse en vertu des dispositions de l'article 2 du présent arrêté, sont définitivement acquises à la caisse et ne peuvent être restituées sous aucune forme et en aucun cas.

ART. 17. — L'admission à la retraite est prononcée par le Gouverneur général sur la demande des intéressés ou d'office.

L'admission à la retraite pour ancienneté de services est obligatoirement prononcée à l'égard de tout fonctionnaire, employé ou agent réunissant 30 années de services effectifs et 60 ans d'âge, à moins d'une décision spéciale du Gouverneur général n'ordonnant son maintien en activité jusqu'à l'âge de 65 ans au maximum.

ART. 18. — Le fonctionnaire, employé ou agent admis à la retraite doit, à peine de déchéance, présenter sa demande de liquidation de pension avec les pièces à l'appui, dans le délai de cinq ans à partir du jour de la publication au Journal officiel de l'Indochine de l'arrêté l'admettant à la retraite.

Le même délai de prescription est imparti aux veuves et orphelins pour faire valoir leurs titres ; ce délai court du jour soit du décès du mari, soit du décès du père ou de la veuve suivant le cas.

ART. 19. — § I. — La liquidation de la pension, préparée par les soins de l'Administration à laquelle appartient le fonctionnaire, employé ou agent, est communiquée pour avis au Conseil d'administration de la caisse.

L'arrêté de concession est rendu par le Gouverneur général sur l'avis conforme du Conseil d'administration de la caisse. Il est publié au Journal officiel de l'Indochine. Le titulaire a un délai de trois mois, à compter du jour où il a reçu notification de cet acte, pour se pourvoir, s'il le juge à propos, devant le Conseil du Contentieux administratif :

1° A Saigon, pour la Cochinchine, le Cambodge et le Laos ;

2° A Hanoi, pour l'Annam, le Tonkin et Kouang-tchéou-wan.

§ II. — Les pensions sont liquidées en piastres d'après la durée des services, en négligeant, sur le résultat final du décompte, les fractions de mois et de piastres. Elles sont payées en piastres.

Les pensions payables en France ou dans les colonies françaises autres que l'Indochine pourront être liquidées en francs sur la demande des intéressés.

Chaque pensionnaire reçoit un titre de pension enregistré sur une matricule ou grand-livre tenu par le Conseil d'administration.

Art. 20. — La jouissance de la pension commence du jour de la cessation du traitement d'activité ou du lendemain du décès du fonctionnaire ; celle du secours annuel du lendemain du décès du fonctionnaire ou du décès de la veuve.

Toutefois, il ne peut, dans aucun cas, y avoir lieu au rappel de plus de cinq années d'arrérages antérieurs à la date de l'insertion au Journal officiel de l'Indochine de l'arrêté de concession.

Art. 21. — Les pensions et secours annuels sont payés par trimestre et à terme échu, les 15 janvier, 15 avril, 15 juillet et 15 octobre.

Art. 22. — Les pensions et secours annuels sont rayés du grand-livre après 5 ans de non réclamation des arrérages, sans que leur rétablissement donne lieu à aucun rappel d'arrérages antérieurs à la réclamation.

La même déchéance est applicable aux héritiers ou ayants-cause des pensionnaires qui n'auront pas produit la justification de leurs droits dans les cinq ans qui suivront la date du décès de leur auteur.

Art. 23. — Le droit à l'obtention ou à la jouissance d'une pension est suspendu :

1°) Par les circonstances qui font perdre la qualité de français, de sujet français ou de protégé français, durant la privation de cette qualité ;

2°) Par la résidence hors du territoire de l'Indochine sans l'autorisation du Gouverneur général.

La liquidation ou le rétablissement de la pension ne peut donner lieu à aucun rappel pour les arrérages antérieurs.

Art. 24. — Les pensions sont incessibles ; aucune retenue ne peut être opérée, du vivant du pensionnaire, que jusqu'à concurrence :

D'un cinquième pour débet envers l'Etat ou l'un des services locaux de l'Indochine, ou pour les créances privilégiées aux termes de l'article 2101 du Code civil ;

D'un tiers dans les circonstances prévues par les articles 203, 205, 206, 207 et 214 du même code.

Art. 25. — La caisse des pensions civiles indigènes est autonome. Elle est administrée par un Conseil d'administration composée de quatre membres et d'un secrétaire-archiviste ayant voix délibérative, nommés par le Gouverneur général. Elle est gérée par le caissier-comptable de la Caisse de retraite du personnel européen des services civils locaux de l'Indochine.

Art. 26. — Le Conseil d'administration représente la caisse. Il exerce, en son nom, toutes actions utiles ; il surveille les différentes parties du service et ordonne les mesures d'exécution qu'il juge nécessaires.

Il délibère sur les dépenses d'administration à la charge de la caisse, sur le placement des fonds libres, sur l'acceptation des dons et legs et sur toutes autres matières qui lui sont soumises par l'autorité supérieure.

Les délibérations sont rendues exécutoires par arrêté du Gouverneur général; la décision du Gouverneur général devra intervenir dans le délai maximum de 3 mois, à partir du jour où les délibérations auront été portées à la connaissance du Gouverneur général. Passé ce délai, les délibérations seront de droit exécutoires.

Le Conseil reçoit les comptes du caissier-comptable et les fait parvenir, revêtus de son attache, à la juridiction compétente.

Il adresse annuellement au Gouverneur général un rapport sur le fonctionnement de la caisse.

ART. 27. — Le Président du Conseil d'administration est ordonnateur des dépenses d'administration dont le paiement est assigné sur la caisse.

Il vise tous les titres de pension et certifie leur inscription au grand livre des pensionnaires.

ART. 28. — Le caissier-comptable est chargé des opérations de la caisse et de la tenue des écritures.

Il prête serment avant d'entrer en fonctions.

Il est astreint à un cautionnement fixé par le Gouverneur général.

Il rend ses comptes par gestions annuelles. La gestion commence le 1er janvier et finit le 31 décembre.

Le montant maximum de l'encaisse laissé à la disposition du caissier-comptable, est fixé à 1.500 piastres. Les fonds et valeurs excédant ce maximum sont versés au Trésor au commencement de chaque quinzaine.

ART. 29 — Les fonds disponibles de la caisse peuvent être employés:

1°) Pour les trois quarts, soit à l'achat de fonds ou effets publics français émis ou garantis par l'État français, soit à l'achat de fonds ou effets émis en Indochine avec l'autorisation de l'État français;

2°) Pour un quart, à l'achat de fonds ou effets autres que ceux visés ci-dessus ou à des prêts hypothécaires garantis par première hypothèque, en vertu d'une autorisation spéciale du Gouverneur général.

Ces achats auront lieu soit mensuellement soit dès que les fonds disponibles atteindront 20.000 francs.

TITRE IV

Dispositions transitoires

ART. 30. — Tout fonctionnaire, employé ou agent en fonctions avant le 1er janvier 1914, ne faisant pas partie d'un cadre permanent et régulier mais dont l'emploi conduisait à pension en vertu des dispositions de l'article 1er de l'arrêté du 15 septembre 1898, continue à bénéficier du régime de la caisse des pensions civiles indigènes dans les conditions fixées par le présent arrêté.

ART. 31. — Les fonctionnaires, employés et agents déjà pensionnés avant le 1er janvier 1914, ou dont les droits à pension étaient ouverts avant cette date, demeurent soumis aux dispositions des arrêtés des 15 septembre 1898, 11 août 1910 et 15 novembre 1911.

ART. 32. — Le présent arrêté est applicable à tout fonctionnaire, employé ou agent dont les droits à pension seront ouverts à compter du 1er janvier 1914.

ART. 33. — Les articles 10, 11, 12, 13 et 14 du présent arrêté, concernant les veuves et les orphelins, entreront en vigueur à compter du 1er juillet 1914.

Toutefois, ne bénéficieront de ces dispositions que ceux qui auront satisfait aux prescriptions imposées pour la justification de leur état civil et de leur capacité.

ART. 34 — Des arrêtés, des décisions et des circulaires du Gouverneur général régleront les détails d'exécution du présent arrêté ainsi que la nature et la forme des justifications à produire.

ART. 35. — Sont abrogées celles des dispositions de l'arrêté du 15 septembre 1898 qui concernent la caisse des pensions civiles indigènes ainsi que les arrêtés susvisés des 11 août 1910 et 15 novembre 1911.

ART. 36. — Les Chefs des Administrations locales, les Chefs des services relevant du Gouvernement général et le Président du Conseil d'administration de la Caisse des pensions civiles indigènes sont chargés, chacun en ce qui le concerne, de l'exécution du présent arrêté.

Hanoi, le 29 Décembre 1913.

ALBERT SARRAUT

RÈGLEMENT

pour l'établissement du contrôle du personnel tributaire de la Caisse des pensions civiles indigènes et l'immatriculation de ce personnel.

Il est ouvert, au siège de la Caisse des pensions civiles indigènes, un contrôle du personnel tributaire de cette Caisse.

Cette organisation a pour but de permettre l'octroi de pensions aux veuves et aux enfants des tributaires, et accessoirement pour objet de fournir les renseignements statistiques qui rendront possible la détermination de la situation financière de la caisse et la fixation des conditions de son équilibre.

Pour établir ce contrôle il est indispensable, au préalable, de procéder à l'immatriculation du personnel indigène.

Cette immatriculation se fera par cadre.

Une fiche mobile, conforme au modèle ci-annexé, sera établie pour chaque fonctionnaire, employé ou agent affilié à la Caisse et *en activité à la date du 1er avril 1914* (y compris le personnel hors cadres, en congé ou en disponibilité).

Dans chaque cadre, les fiches seront rangées par grade et dans chaque grade suivant l'ancienneté en grade des intéressés.

Ces fiches seront numérotées par cadre : le numéro 1 sera donné au plus ancien du grade le plus élevé et le dernier numéro au moins ancien du grade le moins élevé.

Les Chefs d'Administration et de Service adresseront, le plus tôt possible, une collection de ces fiches au président du Conseil d'administration de la Caisse des pensions civiles indigènes et en tout cas *avant le premier mai prochain.*

Chaque fiche sera tenue à jour par la Caisse de retraite et, dans ce but, l'Administration avisera régulièrement la Caisse des modifications qui surviendront dans l'état du tributaire postérieurement au 1er avril 1914 : promotions successives, sorties du service par licenciement, démission, révocation, décès ou retraite.

En outre, les Chefs d'Administration et de Service enverront, à la Caisse de retraite, une fiche pour tout fonctionnaire, employé ou agent *recruté après le 1er avril 1914.* Ces nouveaux tributaires seront immatriculés dans chaque cadre et recevront les numéros faisant suite aux numéros déjà attribués au personnel en activité au 1er avril 1914 : leur immatriculation aura lieu par cadre dans l'ordre des dates de nomination, quels que soient les grades auxquels les intéressés auront été nouvellement nommés. Ces fiches seront tenues à jour dans les conditions indiquées plus haut.

D'autre part, les services liquidateurs de la solde établiront, à *partir du mois de mai 1914,* des relevés conformes au modèle ci-annexé, de toutes les retenues qui seront exercées sur la solde du personnel indigène et prises en charge, suivant les dispositions de l'article 7 de l'arrêté du 24 août 1904, dans les écritures du Trésor à Hanoi au compte «Dépôts de la Caisse locale — Indigènes».

Le numéro matricule de chaque tributaire sera indiqué en regard de son nom.

Le Trésorier général centralisera ces relevés, pour chaque budget et par chapitre, et les transmettra au caissier-comptable de la Caisse des pensions civiles indigènes à l'appui des récépissés constatant la prise en charge des retenues.

L'arrêté du 18 février 1914 règle d'autre part les conditions dans lesquelles sera constatée l'identité des femmes et des enfants des tributaires. L'Administration aura soin de porter le numéro matricule attribué au chef de famille sur les pièces (actes de naissance, de mariage et de décès ; impressions digitales) justifiant l'état civil des intéressés. Une expédition de chacun de ces documents sera adressée à la Caisse de retraite.

Les Chefs des Administrations locales et des Services relevant du Gouvernement général et le Président du Conseil d'administration de la Caisse des pensions civiles indigènes sont chargés, chacun en ce qui le concerne, de l'exécution du présent règlement.

Hanoi, le 18 février 1914.

Pour le Gouverneur général en mission, absent
et par délégation :

*Le Secrétaire général
du Gouvernement général de l'Indochine,*
VAN VOLLENHOVEN.

Recto

(1) ....

(2) ....

(3) ....

né à(4) ....

le (5) ....

Numéro matricule :

Épaisseur de la fiche : six dixièmes de millimètre

15 centimètres

10 centimètres

(1) Administration ou service.
(2) Cadre.
(3) Nom.
(4) Lieu de naissance.
(5) Date de naissance.

Verso

DATE de la première nomination et des promotions successives	GRADES	TRAITEMENTS
(1)		

(1) Pour tout fonctionnaire, employé ou agent en activité au 1er avril 1914, il suffit d'indiquer son grade et son traitement à la même date, et d'ajouter toute mention utile dans le cas où l'intéressé serait en congé, en disponibilité ou hors cadres.

Budget...................
Exercice ....
Chapitre................

No du mandat..........
Date du mandat.........

(1)..

ETAT (2) *des retenues de 5°/₀ effectuées au profit de la Caisse des pensions civiles indigènes.*

NUMÉROS matricules	NOMS	GRADES	SOLDE		MONTANT de la retenue opérée	PÉRIODE (mois ou fraction de mois) à laquelle se rapporte la retenue
			annuelle	mensuelle		

(1) Administration ou service.

(2) Cet état, dressé en *même temps que l'état de solde* ou le mandat individuel, suit le titre de paiement et est détaché par le Trésor qui l'adresse à la Caisse locale de retraite.

ARRÊTÉ astreignant tout nouveau tributaire à fournir son acte de naissance et un certificat médical et fixant le mode d'identification des femmes et des enfants des tributaires

(Du 18 février 1914)

Le Gouverneur général de l'Indochine,

Vu les décrets du 20 octobre 1911, portant fixation des pouvoirs du Gouverneur général et organisation financière et administrative de l'Indochine ;
Vu l'arrêté du 25 décembre 1913 ;
Vu le câblogramme ministériel n° 352 du 22 novembre 1913 ;
Vu la circulaire ministérielle du 20 juin 1911 ;
Vu les instructions du Gouverneur général du 3 janvier 1914 ;
Vu l'arrêté du 29 décembre 1913, réorganisant la Caisse des pensions civiles indigènes de l'Indochine ;
Vu l'avis émis par la Commission de revision du régime de la dite caisse instituée par arrêté du 18 septembre 1913 ;
Sur la proposition du Conseil d'administration de la Caisse des pensions civiles indigènes.

ARRÈTE :

ARTICLE PREMIER. — Pour tout fonctionnaire, employé ou agent qui sera nommé à un emploi conduisant à une pension de la Caisse des pensions civiles indigènes, l'Administration adressera, à la dite Caisse, *un mois au plus après la nomination*, une expédition dûment légalisée de l'acte de naissance de l'intéressé ainsi qu'un certificat médical constatant son aptitude physique au service.

Le certificat médical constatant l'aptitude physique sera établi gratuitement et sur papier libre, dans les conditions prévues par la circulaire du gouverneur général du 17 juillet 1913.

ART. 2. — § I — Tout fonctionnaire, employé ou agent, titulaire d'un emploi conduisant à une pension de la Caisse des pensions civiles indigènes, qui contractera mariage, sera tenu d'en aviser *immédiatement* l'Administration. Celle-ci adressera à la Caisse, *dans un délai d'un mois*, une expédition dûment légalisée de l'acte de mariage.

Les fonctionnaires, employés ou agents actuellement mariés, ainsi que les fonctionnaires, employés ou agents déjà pensionnés au moment de la publication du présent arrêté et mariés avant l'époque de leur admission à la retraite sont tenus de faire la même déclaration. L'Administration adressera, à la Caisse, les expéditions dûment légalisées des actes de mariage des intéressés, *le 1er juin 1914 au plus tard*.

§ II. — A l'appui de l'acte de mariage figureront les impressions digitales de la femme.

Art. 3. — § I. — Les fonctionnaires, employés ou agents tributaires de la Caisse seront tenus d'aviser *immédiatement* l'Administration de la naissance de leurs enfants.

Les pensionnaires mariés avant l'époque de leur admission à la retraite seront également tenus d'aviser *immédiatement* l'Administration de la naissance de ceux de leurs enfants qui naîtront après cette admission.

L'Administration adressera à la Caisse, *dans un délai de un mois*, une expédition dûment légalisée de l'acte de chaque naissance et, *dans un délai de un an*, les impressions digitales de chaque enfant.

§ II. — Les tributaires de la Caisse sont tenus d'aviser l'Administration de l'existence de ceux de leurs enfants qui, nés avant la publication du présent arrêté, seront âgés de moins de 18 ans (âge français) au 1er juillet 1914.

Les fonctionnaires, employés ou agents actuellement pensionnés et mariés avant l'époque de leur mise à la retraite sont également tenus d'aviser l'Administration de l'existence de ceux de leurs enfants qui seront âgés de moins de 18 ans (âge français) au 1er juillet 1914.

L'Administration adressera à la Caisse, *avant le 1er juin 1914*, une expédition dûment légalisée de l'acte de naissance et les impressions digitales de chacun de ces enfants.

Art. 4. — Tout tributaire ou pensionnaire avisera *immédiatement* l'Administration des décès (de femme ou enfant) qui surviendront dans sa famille. L'Administration avisera la Caisse de chaque décès *dans un délai d'un mois*.

Art. 5. — Les actes de mariage, de naissance ou de décès seront établis gratuitement et sur papier libre. Dans les pays de l'Indochine où l'état civil indigène n'est pas organisé, ces documents seront établis selon les règles que l'Administration jugera utile de fixer.

Les impressions digitales seront prises par les soins de l'autorité française, suivant la méthode adoptée par les Services d'identification anthropométrique de l'Indochine.

Des expéditions des actes de mariage, de naissance ou de décès et des impressions digitales seront conservées par l'Administration, les familles et la Caisse des pensions civiles indigènes.

Art. 6. — L'Administration remettra à chaque fonctionnaire, employé et agent, tributaire de la Caisse ou pensionné par elle, un livret de famille destiné à recevoir par extrait les énonciations principales des actes de l'état civil intéressant chaque famille.

Art. 7. — Toute demande de pension formulée par une veuve et toute demande de secours d'orphelins devront être accompagnées pour chaque requérant, en plus des pièces réglementaires, d'un certificat de vie, de nouvelles impressions digitales et de deux exemplaires de sa photographie.

Les certificats de vie seront délivrés par l'autorité compétente de la ville ou de la province où les intéressés auront leur domicile effectif.

L'autorité française aura soin de faire prendre les nouvelles impressions digitales au moment de la délivrance du certificat de vie.

Les photographies seront produites conformément aux règles fixées par l'arrêté du 8 novembre 1904 pour la délivrance de titres de pensions aux fonctionnaires, employés et agents retraités sur la Caisse des pensions civiles indigènes.

ART. 8. — Les Chefs des Administrations locales, les Chefs des Services relevant du Gouvernement général et le Président du Conseil d'administration de la Caisse des pensions civiles indigènes sont chargés, chacun en ce qui le concerne, de l'exécution du présent arrêté.

Hanoi, le 18 février 1914.

Pour le Gouverneur général en mission, absent
et par délégation :

*Le Secrétaire général
du Gouvernement général de l'Indochine,*
VAN VOLLENHOVEN

ANNEXES

INSTRUCTIONS relatives à la délivrance des extraits d'actes de l'état civil ou d'actes de notoriété en tenant lieu, nécessaires à la constitution des dossiers de pensions indigènes
—Modèle

(Du 21 novembre 1903)

Le Gouverneur général de l'Indochine, Officier de la Légion d'honneur, à Messieurs le Général de division, Commandant supérieur des troupes de l'Indochine, les Chéfs des services généraux de l'Indochine et les Résidents supérieurs au Tonkin, en Annam et au Laos.

Messieurs,

M. le Président du Conseil d'administration de la caisse locale de retraite du personnel civil et militaire indigène de l'Indochine, me signale les inconvénients ayant résulté, pour ce personnel, de la promulgation du décret du 1er décembre 1902, portant organisation de la justice au Tonkin, en Annam et au Laos, touchant la délivrance des extraits d'actes de l'état civil indigène ou d'actes de notoriété en tenant lieu.

Ces pièces, précédemment délivrées gratuitement par les soins des Administrateurs des provinces, doivent, en effet, aux termes du décret précité, être dressées par les greffiers des tribunaux de première instance, de justice de paix et provinciaux.

Indépendamment du coût relativement élevé de ces actes, variant entre 5 et 10 francs, alors que pour les militaires indigènes, tout au moins, cette délivrance, par analogie à ce qui se passe dans la Métropole, devrait être gratuite, cette nouvelle manière de procéder nécessite, en outre, une série de menus frais, tels que déplacements, toujours onéreux, pour se rendre au siège de la juridiction compétente, perte de temps pouvant atteindre quelquefois plusieurs jours, indemnités aux témoins, etc, le tout hors de proportion avec les faibles ressources dont peuvent disposer les intéressés.

Il y a lieu de prévoir, aussi, que les demandes de documents de l'espèce, nécessaires à la constitution des dossiers de pension, de naturalisation et de propositions de diverses natures, notamment pour décorations, devant suivre une progression ascendante pourraient constituer pour les greffiers, un surcroît de travail nuisible à la marche régulière de leur service.

Pour obvier à tous ces inconvénients, j'ai décidé que ces extraits ou actes seraient, à l'avenir, délivrés gratuitement, comme cela se pratique déjà en Cochinchine, par les soins des maires des villages d'origine des pétitionnaires, sous le contrôle et bienveillant intermédiaire des Administrateurs, Chefs de province.

Vous trouverez, sous ce pli, un modèle type de l'imprimé à adopter pour la rédaction de ces actes.

J'ai l'honneur de vous prier, Messieurs, de bien veiller à ce que ces nouvelles instructions reçoivent une prompte et rigoureuse exécution.

Saigon, le 21 Novembre 1903.

BEAU.

Modèle prescrit
par circulaire, N· 433p
Du 21 novembre 1903

PROVINCE
de

ACTE DE NOTORIÉTÉ

TENANT LIEU D'ACTE DE NAISSANCE

Bổn làm thiệt rõ ràng thế vì Sổ sinh

Nom et prénoms de l'enfant . . . Tên, họ dứa con nít	
Son sexe . . . . . . Nam, nữ	
Lieu de naissance . . . . . Sanh tại chỗ nào	
Date de la naissance . . . . Sanh ngày nào	
Nom et prénoms de son père. (Pour les enfants nés hors mariage, le nom de la mère devra seul être indiqué). Tên họ cha . . . . . (Con sanh không phép cưới phải kể tên họ mẹ nó mà thôi).	
Son domicile . . . . . Nhà cửa ở đâu	
Sa profession . . . . . Cha làm nghề nghiệp gì . . .	
Nom et prénoms de sa mère . . Tên họ mẹ	
Sa profession . . . . . Mẹ làm nghề nghiệp gì . . .	
Son domicile . . . . . Nhà cửa ở đâu, ...	
Son rang de femme mariée . Vợ chánh hay là vợ thứ . . .	
Nom et prénoms du déclarant . Tên, họ người khai	
Son âge . . . . Mấy tuổi	
Sa profession . . . . . Làm nghề gì	
Son domicile . . . . . Nhà cửa ở đâu	

Nom et prénoms du 1er témoin . Tên, họ người chứng sự thứ nhất.	
Son âge. . . . . . Mấy tuổi . . . , . ..	
Sa profession . . . . Làm nghề gì	
Son domicile . . . . Nhà cửa ở đâu.	
Nom et prénoms du 2e témoin . Tên, họ người chứng thứ hai. .	
Son âge. . . . . . Mấy tuổi.	
Sa profession . . . . Làm nghề gì	
Son domicile . . . . Nhà cửa ở đâu. . . . ,	
Nom et prénoms du 3e témoin . Tên, họ người chứng thứ ba. .	
Son âge. . . . . . Mấy tuổi.	
Sa profession . . . . Làm nghề gì	
Son domicile . . . . Nhà cửa ở đâu.	

A .   .   .   .   ., le .   .   .   .   . 19 .
Tại .   .   .   ., ngày .   .   .   . 19 .

(Signatures)
(Dần ký tên)

Le Maire,

Le déclarant,   Les témoins :   Officier de l'état civil,
Người khai   Các người chứng sự :   Chức việc coi bộ đời

Vu pour légalisation :

de la signature de .   .   .   .   .   .
Maire du village de .   .   .   .   .   .
apposée ci-contre.

.   .   .   . le .   .   .   . 19 .

ARRÊTÉ prescrivant diverses formalités relatives à la délivrance de titres de pensions aux indigènes retraités sur la caisse locale.

(Du 8 Novembre 1904)

Le Gouverneur général de l'Indochine, Officier de la Légion d'honneur,

Vu le décret du 21 Avril 1891 ;

Vu l'arrêté du 15 septembre 1898, portant institution de pensions de retraite pour les militaires et employés civils indigènes ;

Considérant que les garanties d'identité exigées actuellement des pensionnaires sont insuffisantes ;

Sur la proposition du Directeur du Contrôle financier, Président du Conseil d'administration et de contrôle de la caisse de retraite des militaires et employés civils indigènes ;

La commission permanente du Conseil supérieur de l'Indochine entendue,

Arrête :

Article premier. — Chaque titre de pension, délivré à tout indigène retraité en vertu de l'arrêté du 15 septembre 1898, devra être revêtu, à l'avenir, de la signature ou du diêm-chi et de la photographie de son titulaire.

Art. 2. — Tout certificat de vie, délivré en vue de permettre le paiement des arrérages de pension, devra mentionner que le diêm-chi du titulaire de ce document est identique à celui figurant sur le certificat d'inscription de pension et concerne bien le vrai pensionnaire.

Art. 3. — La photographie sera du même type que celle apposée sur les cartes d'identité actuellement en usage ; elle devra, pour s'adapter à la place qui lui est réservée sur le titre de pension, ne pas excéder la dimension de 6 à 7 centimètres de côté.

Art. 4. — Pour les futurs pensionnaires, ces formalités seront remplies au moment de la délivrance du certificat d'inscription et aux frais des intéressés.

A cet effet, tout dossier de pension indigène devra contenir deux expéditions de la photographie de l'intéressé, dont l'une sera appliquée, par les soins de la caisse de retraite, sur le titre de pension et frappée d'un timbre humide portant partie sur le titre, partie sur la photographie ; la deuxième expédition restera à l'appui du dossier de pension comme pièce à conviction.

Art. 5. — En ce qui concerne les certificats d'inscription déjà délivrés, les formalités précitées seront remplies au fur et à mesure des premiers paiements. Ces certificats, revêtus du diêm-chi et appuyés des deux photographies règlementaires, seront adressés, par les soins du service chargé de l'établissement des certificats de vie, à la caisse des retraites et remplacés, entre les mains des vrais détenteurs en attendant qu'il en soit fait retour, par un reçu provisoire.

ART. 6. — Le renouvellement de la photographie s'effectuera dans les mêmes conditions que le titre, ou chaque fois que son état de détérioration le rendra nécessaire.

ART. 7. — Le Général de division, commandant supérieur des troupes du groupe de l'Indochine, le Lieutenant-gouverneur de la Cochinchine, les Résidents supérieurs et les chefs des services généraux de l'Indochine sont chargés, chacun en ce qui le concerne, de l'exécution du présent arrêté.

Hanoï, le 8 novembre 1904.

BEAU

CIRCULAIRE au sujet de l'admission à la retraite des fonctionnaires indigènes.

Hanoï, le 19 juin 1913.

Le Gouverneur général de l'Indochine,
à MM. le Gouverneur de la Cochinchine,
les Résidents supérieurs au Tonkin, en Annam, au Cambodge et au Laos,
le Procureur général, Chef du Service judiciaire,
le Directeur des Postes et Télégraphes,
le Directeur des Douanes et Régies,
l'Inspecteur général des Travaux publics,
le Trésorier général de l'Indochine,
l'Administrateur du Territoire de Kouang-tchéou-wan.

Par circulaire nº 51 C du 4 avril 1912, je vous ai communiqué les instructions données par le Département pour l'établissement des dossiers de retraites du personnel tributaire de la loi du 5 août 1879 afin qu'aucune interruption n'existe entre la cessation des services et le paiement des premiers arrérages de la pension. En ce qui concerne les pensions locales instituées par les décrets des 5 mai 1898 et 6 décembre 1905 et dont le règlement a lieu dans la colonie, je vous ai demandé de prendre, de concert avec la Caisse locale des retraites, les mesures nécessaires pour permettre une liquidation rapide et la remise presqu'immédiate du titre de pension aux intéressés.

J'ai l'honneur d'appeler votre attention sur l'intérêt qu'il y aurait à faire bénéficier des mêmes dispositions le personnel de l'Administration indigène régi, au point de vue des retraites, par l'arrêté du 15 septembre 1898.

A diverses reprises, j'ai constaté que des mandarins ou des agents indigènes employés dans les services de l'Administration française, arrivés au terme de leur carrière, étaient mis en congé sans solde, en attendant la liquidation de leur pension de retraite. Je n'ai pas besoin d'insister sur les fâcheux inconvénients qui peuvent résulter de la pratique de tels errements vis-à-vis de certains fonctionnaires indigènes chargés de famille, qui se trouvent du jour au lendemain, par suite de leur mise en congé, privés de toutes ressources, pendant les délais parfois assez longs qu'entraîne la liquidation de leur pension de retraite.

J'ai l'honneur de vous prier, en conséquence, de vouloir bien prendre toutes dispositions utiles afin que les règlements en vigueur pour la liquidation des pensions du personnel européen soient appliqués en les adaptant au statut spécial qui régit les fonctionnaires indigènes, aux agents de tout grade et de toute catégorie, appartenant soit à notre Administration soit aux différents services de l'Administration indigène des pays de l'Union indochinoise.

Je vous serais obligé de tenir la main à l'exécution des présentes instructions en vue d'éviter toute interruption à l'égard des fonctionnaires indigènes admis à la retraite, entre l'époque où ils cesseront d'être tenus en solde et celle où ils pourrront recevoir les premiers arrérages échus de leurs pensions.

ALBERT SARRAUT

CIRCULAIRE au sujet du certificat médical à exiger des indigènes candidats aux fonctions publiques

Hanoï, le 17 juillet 1913.

Le Gouverneur général de l'Indochine à Messieurs les Chefs des Administrations locales et les Chefs des services relevant du Gouvernement général.

J'ai l'honneur de vous prier de vouloir bien veiller à ce que tout indigène candidat à une fonction publique ou à des examens susceptibles d'ouvrir l'accès des carrières administratives justifie par un certificat médical de son bon état de santé et de son aptitude physique à exercer un service actif.

Il arrive trop souvent, en effet, que les jeunes gens recrutés par les diverses Administrations, sans avoir été appelés à fournir, au préalable, un certificat de santé, recèlent les germes de maladies parfois contagieuses qui les empêchent, après quelques années de service, d'accomplir convenablement leur tâche quotidienne et constituent, par ailleurs, un danger permanent pour leurs collègues bien portants.

En outre, la Caisse de retraite des employés indigènes civils et militaires est appelée, de ce fait, à supporter le poids de nombreuses pensions anticipées qu'il aurait été facile de diminuer dans une forte proportion en prenant, dès le début, les précautions nécessaires pour interdire l'accès des carrières administratives aux indigènes déjà atteints par la maladie ou d'une constitution physique trop faible ou trop délicate.

J'attacherai du prix, en conséquence, à ce que la production du certificat médical devienne une règle absolue ne comportant aucune exception et constitue une condition indispensable de l'admission à tous les emplois rémunérés par l'Administration française dans la colonie.

Les indigènes candidats à des fonctions publiques qui ne produiront pas le dit certificat, devront être envoyés à l'Hôpital indigène du chef-lieu pour y subir la visite médicale et il vous appartient même, si vous le jugez opportun, d'inviter les candidats pourvus du dit certificat à se présenter à l'Hôpital indigène pour y subir une contre-visite médicale. (1)

ALBERT SARRAUT

----

(1) Voir circulaire du 16 Mars 1914 au sujet de l'examen médical des agents indigènes en vue de leur admission définitive dans l'Administration.

CIRCULAIRE au sujet de l'examen médical des agents indigènes en vue de leur admission définitive dans l'Administration

Hanoi, le 16 Mars 1914

Le Gouverneur Général de l'Indochine à Messieurs les Chefs des Administrations locales et les Chefs des services relevant du Gouvernement général,

Mon attention a été appelée sur les fréquentes tentatives de fraude auxquelles se livrent les agents indigènes qui sont soumis à l'examen médical en vue de leur admission définitive dans l'Administration.

Afin d'éviter les substitutions de personnes au moment de la visite, j'ai l'honneur de vous faire connaître que j'ai déjà décidé l'adoption des mesures suivantes :

Tout certificat médical devra être accompagné de la photographie du sujet examiné, photographie que le médecin datera et signera lors de la visite.

La photographie sera fournie par l'intéressé ; elle devra être suffisamment nette, qualité que le médecin pourra aisément apprécier.

Après la nomination d'un nouvel agent indigène, le Chef de Service dont il relève, en possession du dossier, aura à assurer que l'agent recruté est bien celui qui a été examiné par le médecin. L'Administration n'éprouvera de la sorte aucune difficulté à reconnaître les substitutions de personnes qui pourraient être tentées.

Je vous prie de vouloir bien veiller à la stricte exécution des prescriptions de la présente circulaire, dont je vous serai obligé de m'accuser réception.

P. Le Gouverneur Général en mission absent
et par délégation
Le Secrétaire général
du Gouvernement Général de l'Indochine
VAN VOLLENHOVEN

RÉGIME DES PENSIONS CIVILES INDIGÈNES

TABLE ANALYTIQUE

ANNEXES

LE PREMIER FASCICULE DÉJÀ PARU CONTIENT:

les textes sur le personnel indigène des services
administratifs de l'Indochine
précédés d'un extrait du Rapport au Conseil de Gouvernement
et suivis de diverses annexes

———————

EN VENTE

dans toutes les librairies franco-annamites
au prix de 0\$40 l'exemplaire au lieu de 0\$50
prix primitivement fixé